AF247855

L 27
n
25652

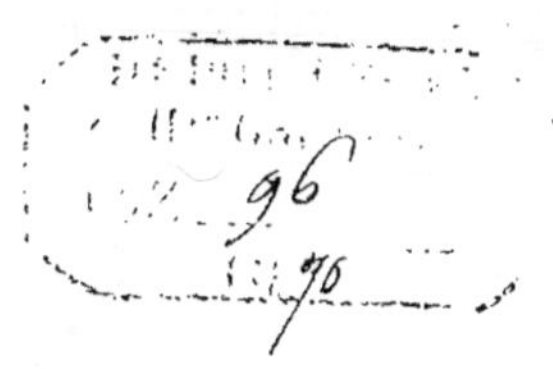

ÉLOGE

DU

PRÉSIDENT CAZE,

Prononcé le 27 février 1870,

EN SÉANCE PUBLIQUE DE L'ACADÉMIE DES JEUX FLORAUX ;

PAR

M. E. VAÏSSE-CIBIEL,

AVOCAT,

MAINTENEUR DES JEUX FLORAUX,

Président de l'Académie impériale des Sciences, Inscriptions et Belles-Lettres
de Toulouse.

TOULOUSE,

IMPRIMERIE DOULADOURE ;

ROUGET FRÈRES ET DELAHAUT, SUCCESSEURS,
rue Saint-Rome, 39.

—

1870.

ÉLOGE

DU

PRÉSIDENT CAZE

Messieurs,

L'usage de louer publiquement ceux de nos confrères qui nous précèdent dans la tombe est, à juste titre, considéré comme une tradition sacrée parmi nous. Ce serait méconnaître l'efficacité de l'exemple que de nier l'importance de ce devoir académique. Quand nous voyons disparaître de nos rangs un homme, dont la conduite fut réglée par les plus hautes inspirations de la conscience, dont chaque jour marqua un effort nouveau vers le bien, qui se montra, sans défaillance, jusqu'au terme, soumis à la règle du devoir et du travail quotidien, comment ne pas payer un légitime hommage à sa mémoire et ne pas demander au récit de sa vie le secret de bien penser et la force de bien agir? Si de tels exemples peuvent nous faire mesurer l'étendue de notre infirmité, ils peuvent aussi nous inspirer de viriles résolutions et communiquer à notre être moral, si violemment secoué par les agitations du siècle, l'énergie nécessaire pour persévérer, en dépit des orages, dans le droit chemin.

Tel est le sentiment qui s'empare de nous au début de la vie que nous avons à raconter. La gravité du personnage nous convie à des pensées graves. Une sorte de respect instinctif nous avertit qu'il faut déposer au seuil de ce discours toute idée frivole : elle troublerait l'harmonie du portrait. Un sujet digne ne saurait être traité qu'en termes dignes', et quoique un sourire vînt quelquefois effleurer les lèvres de notre regretté confrère, et bien que les grâces de l'esprit ne fussent pas des étrangères pour lui, l'on peut dire que dans sa vie publique, aussi bien que dans sa vie privée, dans la jeunesse aussi bien qu'au déclin de l'âge, il nous apparaît dans une attitude pensive, studieuse et réfléchie. Magistrat de notre Cour d'appel, il rappelait parmi nous ces figures parlementaires qui furent, en d'autres temps, l'ornement de notre compagnie. Il eut de ces aïeux académiques la gravité extérieure, le récit de sa vie prouvera qu'il en eut aussi les vertus et la dignité morale.

Adolphe-Léger-Éléonore-Louis CAZE naquit à Toulouse, le 24 mars 1798. Il sortait des rangs de cette vieille bourgeoisie qui, dans notre ville plus qu'ailleurs, alliait la pratique des vertus modestes au sentiment de ses droits civiques. Pour peu que le lecteur jette l'œil dans les annales de notre pays, il trouve à toutes les époques, fermement accusé chez nos concitoyens, le culte des franchises locales.

Sans attribuer au municipe toulousain une origine pompeuse et peut-être chimérique, on peut dire que, en aucun lieu plus que dans l'ancienne métropole du Languedoc, les habitants ne se montrèrent jaloux de leurs libertés communales. A certaines heures de l'histoire, on put reprocher aux Toulousains de se désintéresser des faits de la politique générale, on ne saurait jamais, sans injustice, leur imputer le grief de déserter la défense de leurs droits municipaux. Cette prédilection héréditaire, dont la trace n'a point disparu sous les décombres des révolutions successives, était justifiée par l'éclat que jetait au loin l'institution du Capitoulat. Cette magistrature élective n'était point le privilége d'une caste ; ce fut là peut-être le secret de sa popularité. Les avocats au Parlement et les marchands de la Bourse y siégeaient fraternellement à côté de la Noblesse. Dans une ville juridique, telle que Toulouse, le premier rang même, appartenait d'office à un homme de loi. Si l'on en excepte certaines époques où l'institution capitulaire fut victime d'usurpations de la part du pouvoir royal, on retrouve en elle les caractères d'une sincère représentation populaire. Heureuse prérogative qui explique les souvenirs, sinon les regrets, que l'ancienne organisation communale de Toulouse a laissés après elle !

Autour du Capitoulat gravitait l'ambition de ces vieilles familles bourgeoises, honorées par des siècles de vertu, enrichies par l'épargne, et que les exigences du négoce et les habitudes de la clientèle fixaient, pour le plus grand nombre, dans les quartiers de la Pierre et de la Daurade. Recevoir du libre choix de ses concitoyens, au terme d'une carrière honorablement remplie, le chaperon consulaire, était souvent, pour la famille d'un marchand, la récompense et l'orgueil de plusieurs générations.

Cette légitime ambition, jointe aux bienfaits d'une éducation facilement accessible à tous dans un centre comme Toulouse, entretenait une atmosphère éminemment morale dans la classe des marchands. Etrangères aux frivolités de la Cour, dont l'éclat n'arrivait qu'affaibli dans nos provinces ; vouées aux habitudes d'une vie laborieuse, les familles se transmettaient, comme un dépôt sacré, ce renom d'honnêteté qu'enfante la pratique des bonnes mœurs.

C'est dans ce milieu simple et salubre que naquit celui dont nous racontons la vie. Toussaint Caze, son père, marchand, rue de la Trinité, comptait vingt et un frères ou sœurs. Si, comme l'a dit une voix éloquente (1) « les familles chastes et nombreuses sont la force des nations », notre regretté confrère ne pouvait être jeté par la Providence dans un lieu plus propre à lui assurer un salutaire apprentissage de la vie. Les peuples jeunes, forts, et j'ajouterai religieux, ont ce privilége de ne pas redouter les austères devoirs de la paternité et d'accepter comme un signe de la bénédiction divine la rapide croissance de l'arbre domestique. Les peuples vieux, au contraire, trop enclins aux jouissances matérielles, semblent s'attacher à éluder la réalisation des divines promesses ; et, — disons-le en passant, — ce n'est pas là un des moindres symptômes qui affligent le penseur quand il considère l'état présent de la société. La France du xviii⁰ siècle, à la veille de **89**, entre l'affranchissement de l'Amérique qui finit et l'affranchissement de la France qui s'annonce, éprouve les frémissements d'une vitalité assoupie, mais non éteinte. A une nation qui allait affronter de si rudes

(1) Le P. Hyacinthe.

épreuves, la Providence avait ménagé une réserve de jeunesse. La génération destinée à traverser les proscriptions de la Révolution et les hécatombes de l'Empire, se retrouvera assez nombreuse, en 1814, pour combler les vides et rassurer la France alarmée de tant de deuils.

Cette fécondité des familles, qui fait l'orgueil de la jeune Amérique et dont la France contemporaine n'offre plus que de rares exemples, semble héréditaire dans la maison dont nous retraçons l'origine. Toussaint Caze, marié le 7 novembre 1786, à Mlle Marnac, fille d'un négociant comme lui, eut à son tour huit enfants. Adolphe Caze, notre confrère, fut le cinquième fruit de cette union. L'éducation de ce dernier fut telle qu'on pouvait l'attendre de parents modestes, simples et pieux. En ces temps où la transformation des lois avait modifié la tenue de l'état civil, les familles réglées, comme celle de M. Toussaint Caze, consignaient sur un registre privé les divers événements intéressant les personnes de la maison. C'était le livre des fastes domestiques, où chaque naissance, chaque mariage, chaque décès, venait, à l'exemple des familles puritaines de la Nouvelle Angleterre, prendre rang à sa date. Il nous a été donné de feuilleter cet archivaire intime, et ce n'est pas sans émotion, qu'arrivé à l'année 1807, nous avons lu, écrite de la main tremblante de Mme veuve Caze, la note suivante inspirée par la perte récente de son mari :

« Le bon Dieu nous avait unis le 7 novembre » 1786. Il a plu à Dieu de nous séparer le 17 octo- » bre 1807. Jusqu'à ce qu'il plaise au Seigneur de » nous réunir, j'exhorte nos chers enfants à rester » unis ensemble et à prier pour leurs père et mère

» comme je le fais tous les jours pour eux, et à faire
» dire, tous les ans, le 17 octobre, une messe de
» mort, ainsi que pour moi, au jour de mon
» décès. »

Cette pieuse adjuration révèle mieux que nous ne pourrions le faire, le ton de l'éducation austère et chrétienne que reçut celui dont nous racontons la vie. Ces fortes et saines impressions du foyer domestique sont de celles qui ne s'effacent pas, et peut-être cette gravité sereine qui persévéra dans le caractère de M. Caze jusqu'à la fin de ses jours, est-elle due aux leçons qu'il reçut de sa mère, aux habitudes d'ordre, de travail et de piété dont sa famille lui offrait l'exemple et dont la note que nous venons de citer porte la touchante empreinte.

Nous savons, en effet, par le témoignage des contemporains et des parents survivants, que le jeune Adolphe Caze révéla, dès l'enfance, une précoce maturité. Le travail était son seul besoin, l'étude son seul plaisir. Elève au lycée de Toulouse, il se distinguait parmi les plus studieux et, dans ses classes, il remporta, presque chaque année, les premiers prix. Son cours de rhétorique en 1815, fut couronné par une attestation flatteuse que lui signa son professeur M. Carré. Son assiduité scolaire ne l'empêchait pas, une fois rentré au logis, d'aider sa vénérable mère dans les détails du commerce. L'accomplissement d'un devoir ne lui servait pas d'excuse pour en négliger un autre. Ce fut la règle de toute sa vie. Cette aptitude à tout faire et cette volonté de tout bien faire expliquent comment M. Caze put, dans sa carrière, suffire à des tâches multiples qui eussent découragé des esprits moins appliqués et des caractères moins résolus que le sien.

Dans une ville comme Toulouse, où survit avec le renom du Parlement et de l'ancienne Université, le goût des sciences juridiques, le courant des traditions porte la plupart des jeunes gens vers l'étude du droit. M. Caze suivit le commun usage et se fit inscrire sur les registres de notre Faculté, en novembre 1817. A vrai dire, l'inclination de son esprit le portait autant que la mode du temps, vers la jurisprudence. Sérieux et réfléchi il trouvait dans l'étude de cette science des principes philosophiques et des déductions rigoureuses qui satisfaisaient son esprit. Le droit romain, « cette raison écrite, » et le droit français, son ingénieux et logique dérivé, convenaient à une intelligence exacte qui jamais ne se paya de rêves ni de mots. En même temps il avait assez de littérature pour éviter l'aridité du langage et pour ne pas déparer par une sécheresse préméditée une science compatible — Montesquieu l'a prouvé — avec les belles formes littéraires.

Pendant que M. Caze étudiait le droit à la Faculté de Toulouse, un événement vint prouver tout le fonds que des juges compétents faisaient de son caractère. Cet événement mérite d'autant plus d'être rapporté, qu'il évoque le souvenir d'un des plus aimables et des plus regrettés membres de notre Académie, et qu'à ce titre il prend naturellement place dans notre histoire domestique. Jaloux de continuer la culture des lettres, brillamment commencée au Lycée, M. Caze, tout en suivant ses cours de droit, se faisait aussi l'auditeur assidu de nos solennités académiques. Peut-être même a-t-il adressé à Clémence Isaure des invocations dont cette divinité, parfois implacable, a rigoureusement gardé le secret. Quoi qu'il en soit de cette opinion qui n'est

qu'une conjecture, toujours est-il qu'un membre de
notre compagnie avait remarqué l'assiduité du jeune
auditeur, et qu'à suite de quelques entretiens, des
relations affectueuses furent nouées entre le mainteneur et l'étudiant en droit. Ce confrère, dont la profonde amitié honora la jeunesse de M. Caze, et dont
nos anciens n'ont certainement pas perdu le souvenir, était M. l'abbé Saint-Jean. Les rapports conti-
nuèrent fréquents, tous les jours plus intimes entre
le vieux mainteneur et le jeune étudiant. La différence d'âge était couverte par un goût commun pour
les beaux livres et pour les beaux vers. Les lettres
créent de ces égalités touchantes où se confondent
dans une commune admiration tous les âges de la
vie humaine. Mais l'heure vint où la mort sépara
ceux qu'une mutuelle estime avait réunis.

M. l'abbé Saint-Jean, à l'exemple de cet ancien
immortalisé par le pinceau du Poussin, devait, à
son lit de mort, laisser à son ami survivant un témoignage éloquent de son estime ; et ce témoignage
n'était pas — comme on pourrait le croire — un don
pécuniaire, mais une mission délicate à remplir. Le
testament du défunt présentait des difficultés dans
la répartition des legs qui ne s'élevaient pas à moins
de trente. Une main habile et dévouée pouvait seule
se retrouver dans ce dédale que tendaient à compli-
quer des intérêts contradictoires. M. Caze, avocat
débutant, est nommé exécuteur testamentaire par
son ami, et voici dans quels termes M. l'abbé Saint-
Jean lui confie cette tâche délicate :

« Je vous lègue une mission de conscience, une
» œuvre laborieuse à accomplir. Elle est difficile,
» elle sera longue, mais vous y suffirez par le cœur,
» par l'intelligence, par votre haute raison et par

» amitié pour moi. Je vous en offre d'avance toute
» ma gratitude. Sous ce rapport, je ne mourrai pas
» insolvable. »

Un pareil témoignage donné par un vieillard res-
pectable à un jeune homme, dit plus que nous ne
saurions le faire, cette rectitude de sentiments qui
distingua dès ses premiers pas dans la vie notre regretté confrère.

Telles sont, Messieurs, les principales lueurs qui
de loin éclairent cette jeunesse austère, calme et
studieuse. Tels sont les événements significatifs qui
présageaient l'homme simple et juste que nous avons
connu.

En 1820, M. Caze vient de terminer son droit. Il
est reçu avocat à la Cour de Toulouse. Pour un autre
la période scolaire serait achevée. Impatient de se
produire, un autre eût demandé au barreau ou à la
magistrature des occasions prochaines d'utiliser un
talent formé par de laborieuses veilles. M. Caze, plus
sévère que ses maîtres, moins empressé que ses
condisciples, ne se jugea pas suffisamment prêt. Lui,
dont on vantait la maturité, ne se trouva pas assez
mûr pour affronter la périlleuse épreuve de la parole publique. A la forte instruction littéraire et juridique qu'il avait puisée aux écoles de Toulouse, il
crut devoir joindre les enseignements plus complets,
sinon plus solides, de la capitale. Ecolier persévé-
rant, il part au commencement de 1821 pour Paris
où il doit séjourner par intervalles jusqu'en 1824.

C'était, au point de vue littéraire, l'époque brillante de la Restauration. L'enseignement supérieur,
relevé de la pesante uniformité où l'avait volontaire-
ment entretenu le gouvernement impérial, donnait
l'essor à de jeunes intelligences moins éprises dé-

sormais des vaines fumées de la gloire que des solides bienfaits de la science. On ne se méfiait plus autant des heureuses audaces de la pensée humaine, et le professeur pouvait dans sa chaire sonder les questions historiques, creuser les problèmes de la philosophie, disserter sur les monuments littéraires, sans craindre de se heurter contre un pouvoir ombrageux et jaloux. En nous rendant la paix au dehors, la Restauration nous rendait la liberté au dedans. Des mesures arbitraires et des suspensions imméritées traversèrent bien cette ère de réparation intellectuelle, et je n'entends pas dire que, du premier coup, la France ait atteint la pleine indépendance de l'enseignement ; mais en tenant compte de la différence des temps et en jugeant par comparaison, on ne saurait méconnaître sans une profonde injustice les progrès accomplis sous ce régime. Une époque où des flots d'auditeurs, curieux d'apprendre et impatients de savoir, assiégeaient les chaires des Cousin, des Guizot, des Villemain ; où la jeunesse, généreuse jusque dans ses tumultes et ses emportements, s'engageait sous le drapeau des classiques et des romantiques ; où l'on discutait avec une égale véhémence les premiers vers de Victor Hugo et les premiers tableaux de Delacroix ; où l'on partait en guerre pour l'idée, ne saurait certes être considérée comme une époque de décadence intellectuelle. Mieux vaut ces salutaires agitations que ces calmes plats dont nous avons pu depuis lors contempler les mornes tristesses. C'était une période orageuse mais féconde, d'où sont sortis des hommes qui, après quarante ans, sont encore l'orgueil du pays !

Comme tous les jeunes gens de son temps, M. Caze fut attiré par ce centre d'action et d'étude ; comme

tous les contemporains de cette seconde Renaissance,
il avait retenu une profonde empreinte des cours
professés avec tant d'éclat. Sa physionomie, le plus
souvent pensive, s'illuminait soudain quand le cours
de la conversation le reportait à ces heures studieu-
ses et charmées de la première jeunesse. Aussi,
peut-on dire que ce séjour à Paris, si bien employé,
compléta en M. Caze l'éducation de l'homme, et
qu'il était prêt à affronter le combat de la vie quand
il revint dans sa ville natale pour s'y fixer définiti-
vement.

Redevenu avocat à Toulouse, il tint à accomplir
son noviciat judiciaire sous la tutelle d'un homme
qui dominait le barreau languedocien de toute la
hauteur d'un talent éprouvé et d'une renommée
éclatante. Romiguières — de quel autre pourrait-il
s'agir? — excellait dans cette œuvre de patronage
envers les jeunes confrères qu'il voyait avec une
joie paternelle grandir et se développer sous ses
yeux. Sa satisfaction n'était jamais plus vive que
lorsqu'il pouvait dans un grand procès, associer à
la défense des jeunes gens jaloux de faire leurs
premières armes sous un tel général. Quoique le
cours des ans nous éloigne déjà de cette époque, et
bien que la génération contemporaine de ce grand
avocat aille, hélas! toujours s'éclaircissant, on pourrait encore compter dans les rangs de la magistrature
des carrières honorables qui ont dû leur point de
départ à cette intelligente protection. Comme la plupart des jeunes avocats de son âge, M. Caze réclama
l'honneur d'un tel patronage et plaida plusieurs fois
à côté de son maître, notamment dans l'affaire des
Transfuges. Sa sympathie pour Romiguières lui était
d'autant plus facile qu'il se sentait attaché à lui non-

seulement par la communauté de la profession, mais encore par la conformité des opinions politiques.

Nous touchons ici à un point décisif de la carrière de notre regretté confrère. Il y a dans la vie de chaque homme une heure qui détermine le courant de ses idées en religion, en politique, en littérature. C'est un point imperceptible de l'espace qui fixe à jamais une destinée. Cette heure, brève et solennelle, sonne pour M. Caze le 2 décembre 1828. Ce jour-là, il affirma des convictions politiques qui, si on le suit bien à travers les vicissitudes de sa carrière, sous une apparente soumission ou plutôt sous une volontaire résignation aux faits, demeurèrent les convictions de sa vie entière.

Nous sommes à la fin de l'année 1828. Longtemps fixée par la volonté opiniâtre de M. de Villèle, la politique de la Restauration vient de subir une oscillation qu'ont accueillie à la fois de chaudes approbations et de vives méfiances. Le courant libéral semble momentanément entraîner les conseils de la monarchie, et l'avénement du cabinet Martignac a laissé entrevoir l'alliance, désormais sans nuages, de la Charte et de la Royauté. Les libéraux, longtemps réduits dans les Chambres et dans la Presse, aux efforts généreux d'une lutte brillante et stérile, ne sont pas encore au pouvoir, mais ils approchent du pouvoir. Royer-Collard préside la Chambre où l'ont appelé sept élections simultanées. Tandis qu'au dedans le nouveau cabinet supprime la censure, au dehors il répond aux vœux de la France en envoyant en Morée 15,000 hommes sous le général Maison. Cette politique réparatrice et nationale eût fait naître de plus vives espérances si on l'avait crue aimée et soutenue en haut lieu.

Mais l'opinion publique la jugeait plutôt imposée par les circonstances que soutenue par les prédilections royales. Fatale et réciproque défiance qui précipita la durée d'un ministère destiné peut-être à asseoir sur une base durable ces principes parlementaires, qui ont subi une si longue éclipse, et dont la France entière salue en ce moment même le retour !

Le cabinet Martignac dura pourtant assez pour accélérer, jusque dans les dernières provinces, l'élan de renaissance libérale. Toulouse, depuis 1815, manquait d'un organe qui, à l'exemple de la *Minerve*, du *Globe*, ou du *Constitutionnel*, mît vivement en relief les doctrines des hommes de 89. Le 2 décembre 1828, ce vide fut comblé par l'apparition d'un journal, la *France Méridionale*, qui sous des titres et des directions bien diverses, a continué sa publication jusqu'à nous.

Cette feuille était l'œuvre de jeunes hommes dont il serait possible de retrouver les noms à travers les voiles de l'anonyme et qui tous, imbus de la même pensée, cherchaient à concilier les principes de la Révolution française avec les formes de la Royauté. Leur programme était exprimé en deux mots, *Monarchie*, *Liberté*, qui servaient de devise et d'épigraphe au nouveau journal. Nous savons, d'après le témoignage de ses collaborateurs survivants, que M. Caze fut non-seulement l'un des fondateurs de cette feuille, mais qu'il fut l'inspirateur du cénacle et la plume la plus active de la rédaction. Alors âgé de trente ans, il prêtait à l'œuvre commune plus que la facile élégance de son style et la netteté de ses vues politiques, il y apportait une autorité qui, sans s'imposer savait se faire sentir à propos et une expérience qui sut plus d'une fois prévenir les orages et détourner les tempêtes.

La politique de ce journal prit vite le ton de la polémique contemporaine. Elle fut vive, ardente, passionnée. Elle dépensa, pour la cause libérale, un talent que l'improvisation stimulait et que variait le nombre des rédacteurs. Cette politique non-seulement s'affirmait dans des luttes quotidiennes, mais encore dans des procès dont le ministère public ne se montrait pas avare. A quarante ans de distance et après des alternatives de grandeur et d'abaissement qui ont mûri notre éducation politique, on peut parler de la Restauration avec une sereine impartialité. Cette époque appartient à l'histoire et il est possible de la juger sans craindre de rallumer des passions assoupies. Mais, en 1830, les ressentiments de la polémique ne permettaient pas aux partis la même impartialité. On luttait d'estoc et de taille sans mesurer la portée des coups. Dans la chaleur du combat, on visait plutôt à frapper fort qu'à frapper juste. L'important, c'était d'atteindre l'adversaire.

Ces entraînements, dont 1830 n'eut pas le monopole et dont notre regard pourrait malheureusement contempler de plus récents exemples, engagèrent la *France méridionale* dans de nombreux procès. M. Caze, qui aurait pu conjurer les risques d'une poursuite, en dissimulant sa participation sous le masque légal de la gérance, revendiqua par une lettre publique sa part de péril et de responsabilité. Le procureur-général s'émut de cette manifestation et, par une lettre du 27 juillet 1830, fit sommer l'avocat-journaliste à comparaître disciplinairement devant le Conseil de l'Ordre. On ajournait l'inculpé au 7 août 1830. On sait quels événements s'accomplissaient dans l'intervalle à Paris, et quelles causes historiques empêchèrent la solution de cette poursuite.

La royauté venait de succomber après trois jours de combat. M. Caze était dans le camp des vainqueurs. S'associa-t-il à l'ivresse du triomphe? Ici, permettez-moi, Messieurs, de substituer à une définition personnelle un aperçu de philosophie générale. Beaucoup d'hommes, les plus honnêtes et les plus convaincus, apportent une ardeur passionnée à la défense des idées spéculatives. Quand le but est lointain, ils le caressent de leurs désirs, le saluent de leurs espérances. Il leur apparaît alors dépouillé de toute souillure, dégagé des passions humaines, enveloppé de prestige et de séduction. C'est l'idéal avec ses décevantes harmonies. Quand le but est atteint, au contraire, il arrive parfois que le contact de la réalité glace l'enthousiasme, assombrit les illusions et convertit en déceptions les ferveurs de la veille. Le spectacle a bien changé, en effet. La statue de la liberté, au lieu de recevoir les hommages platoniques de ses adorateurs, n'est plus assiégée que de honteuses convoitises. L'intérêt succède à l'amour.

Pour les hommes honnêtes, il n'est pas rare que le jour du triomphe devienne ainsi l'heure du désenchantement. Le dirai-je? je crois bien que pour M. Caze cette heure sonna avec la révolution de 1830. Cette évolution de son esprit l'honore trop pour que je la dissimule; elle est trop l'histoire des honnêtes gens pour que cet honnête homme y ait échappé. Dès ce jour, notre regretté confrère, éclairé plus par le spectacle des faits que par l'illusion des théories, se sentit fortifié dans ses convictions premières, mais il demeura décidé à prévenir de nouvelles aventures. La Charte de 1830 lui donna ce qu'il espérait , ce qu'il aimait , l'alliance de la liberté avec une monarchie populaire. Son esprit en resta là. Il ne faut pas demander à une génération plus qu'elle ne peut rendre. La tâche qu'a accomplie celle de 1830 est assez glorieuse. Elle nous a restitué le programme de 89 et les idées libérales de l'Assemblée constituante. C'était une conquête immense après la réaction qui remonte à Brumaire. Exiger d'elle qu'elle pressentît et qu'elle encourageât les droits et les prétentions naissantes de la démocratie , c'était trop. Ce devoir périlleux, qui ramènerait notre pensée aux agitations de l'heure présente, revient aux fils. Les pères n'ont pas assurément perdu leur journée en fondant, même sur une base étroite , le gouvernement du pays par le pays.

J'insiste sur ce point, parce qu'en un tel sujet, en racontant la vie d'un homme qui fut journaliste et député , il importe bien de préciser cette unité de vues politiques qui demeure l'honneur d'un nom, unité qui, chez notre confrère, se déguisait sous une apparente inertie, mais qui n'était pas moins réelle. M. Caze n'avança ni ne recula sur son temps. Luttant pour les idées constitutionnelles, il est resté, avant comme après la victoire, dans leur disgrâce comme dans leur triomphe, partisan des idées constitutionnelles. Il nous présente une expression honnête et loyale de ce système qu'avec une intention peut-être ironique, mais sûrement exacte, on appela le *juste-milieu*.

Mais c'est assez s'appesantir sur ce sujet, quelque importance qu'il recèle , et nous avons hâte de considérer M. Caze sous l'aspect où il nous est le plus souvent apparu dans notre ville , et sous lequel il vivra le plus dans les souvenirs de la population, en un mot, d'étudier en lui le magistrat.

Le 27 août 1830, une ordonnance royale appelle M. Caze aux fonctions de substitut du procureur général près la cour royale de Toulouse. Cette nomination , qu'il n'avait pas sollicitée , ne surprit personne si ce n'est celui qui en était l'objet. Cet honneur, dont il ne méconnaissait pas le prix, semblait un embarras pour lui. Les scrupules, dont nous avons essayé plus haut de soulever le voile, agitaient sa conscience. Le journaliste de la veille put craindre d'être confondu dans la foule des solliciteurs. Sa dignité se révoltait au soupçon d'avoir combattu naguère un combat intéressé. Les invitations de ses amis, les instances de sa famille, surtout les exigences d'une santé délicate qui lui rendaient périlleuses les luttes quotidiennes du barreau , déterminèrent son acceptation. Ce jour-là, la magistrature française fit une recrue comme elle n'en fit guère, même sous un gouvernement, qui compensa bien des faiblesses par la valeur de ses fonctionnaires. Par la gravité de ses mœurs autant que par l'équilibre de ses facultés, M. Caze était doublement propre au rôle de magistrat . Il n'eut aucun besoin de revêtir un visage d'emprunt, de se frotter d'une érudition improvisée, de renouveler son personnage, pour devenir ce qu'il fut et ce qu'il est resté près de quarante ans sous nos yeux, c'est-à-dire un magistrat modèle. Quand des luttes de la presse et du barreau il passa sur les hauts siéges de la cour, le juge et le juriste étaient faits, la science du droit n'avait pas de secrets pour lui.

Nos cours d'appel , telles que les a organisées le

législateur de 1810 , ne sont pas seulement chargées
du jugement des causes civiles ; elles ont encore
une attribution plus haute , une mission plus éle-
vée à l'accomplissement de laquelle leur fondateur
a voulu donner un éclat exceptionnel. Elles sont
chargées de distribuer la justice criminelle dans un
vaste ressort. Ici le magistrat s'élève d'un degré : naguère il été le juge de nos intérêts , il devient l'ar-
bitre de la liberté et de la vie des citoyens. Je ne
connais pas de fonctions plus augustes ni plus re-
doutables. L'homme , investi d'un tel mandat , peut
faire tant de bien s'il est guidé par le véritable
amour de la justice ; il peut faire tant de mal si son
sens est obscurci par les passions, que je comprends
le légitime effroi qu'inspire aux consciences cette
lourde responsabilité. Anticiper sur les décrets sou-
verains d'en haut par des décisions irrévocables ;
commencer l'œuvre de Dieu sur la terre semblerait
une témérité sans exemple , si cette témérité n'était
exigée par la sécurité de l'ordre social.

C'est dans cette haute sphère morale que notre
regretté confrère a marqué sa place. C'est surtout
comme président d'assises , qu'il s'est acquis une
notoriété éclatante dans tout le Midi.

Je surprendrai l'Académie , peut-être , en lui di-
sant que de 1834 à 1860 , M. Caze n'a pas présidé
moins de soixante-douze sessions , presque trois
assises en moyenne par année. A ce labeur, qu'aucun autre n'a égalé, notre confrère était appelé par
une vocation exceptionnelle. Si l'on suppute les qualités nécessaires à cette importante fonction, on re-
connaîtra qu'aucune d'elles ne manqua à celui dont
je retrace la vie. A l'intégrité du juge , à la péné-
tration du moraliste , le président d'assises doit

joindre l'impartialité du témoin et l'humanité du citoyen. Nos lois criminelles , heureusement dépouillées de l'appareil et des préjugés barbares d'un autre temps , ne considèrent plus l'accusé comme un ennemi, mais comme un égaré dont la société poursuit le redressement moral. Le but du débat n'est pas la vengeance , c'est la manifestation pure et simple de la vérité.

Pour atteindre ce but , la loi arme de pouvoirs extraordinaires le magistrat chargé de présider l'audience , et ce n'est pas déjà une médiocre vertu chez ce dernier que de ne pas céder à la tentation d'en abuser. Tenir la balance égale entre l'accusation et la défense ; détourner de son cœur et de son langage l'apparence d'un parti pris ; interroger les témoins et l'accusé avec une sagacité qui, tout en favorisant l'expression de la vérité, laisse à ceux-ci leur liberté morale ; mettre dans le résumé un courage d'impartialité presque surhumain, telles sont quelques-unes des qualités que la loi et la conscience réclament de ceux qui ont charge d'âmes dans ce sacerdoce de la justice criminelle.

M. Caze eut ces vertus et d'autres encore parmi lesquelles je placerai une sensibilité profonde , qui sous le mandataire de la loi , laissait percer le père de famille et qui rendait moins rigoureux au condamné l'arrêt mouillé des larmes du juge. Celui qui écrit ces lignes retrouve dans un passé déjà lointain le souvenir de la première condamnation capitale qu'il ait entendu prononcer. L'heure était tardive , les débats s'étaient prolongés jusqu'au milieu de la nuit. La solennité de l'audience redoublait l'anxiété du public pressé dans l'enceinte et qui, l'œil fixé sur la salle des délibérations du jury, attendait le

verdict d'où dépendait la vie d'un homme. Enfin la
porte s'ouvre et quand le *oui* fatal eut été prononcé
sans qu'aucuue atténuation en adoucît la suprême
gravité ; ah ! j'en atteste mes souvenirs, le moins
ému à cette heure ne fut pas celui qui devait donner
à ce verdict sa terrible sanction. C'est en versant des
larmes que M. le président Caze prononça un arrêt
dont la loi lui faisait un devoir, mais dont son cœur
repoussait la rigueur (1).

Les souvenirs du barreau et des justiciables ne
sont pas les seuls témoins qui déposent de cette supériorité professionnelle qui firent de M. Caze le
type du président d'assises. Dès l'année 1846, M. le
garde des sceaux Martin (du Nord) lui écrivait à la
date du 11 avril, à l'occasion du jugement du par-
ricide Rouane : « Je sais avec quel talent et qnelle
» distinction vous remplissez toujours les fonctions
» délicates et difficiles de président d'assises et c'est
» pour cela que je vous les confie le plus souvent
» possible. » Cette lettre elle-même ne faisait que
suivre de quelques jours la croix de la Légion d'honneur qui vint récompenser ses longs services judiciaires.

L'impartialité de M. Caze , passée à l'état de pro-
verbe dans le monde judiciaire, n'excluait pas l'é-
nergie quand l'énergie devenait nécessaire. En 1848,
il avait vu avec une profonde douleur l'atteinte portée à l'inamovibilité de la magistrature. La mesure
le touchait d'autant plus qu'en blessant ses convictions , elle frappait un président de chambre depuis
longtemps son ami. Dans le courant de cette même
année , le 24 mai 1848, le jugement d'un chef de

<hr>

(1) 1851. — Cour d'assises de la Haute-Garonne. — Affaire Méda.

club , qui jouit à Toulouse d'une influence et d'une popularité éphémères , lui fut dévolu. Au cours des débats , l'un des défenseurs crut pouvoir faire une allusion approbative à la suspension des magistrats récemment frappés. M. Caze, qui savait qu'on épiait ses paroles, ne craignit pas de condamner haute-ment cet acte dictatorial : « Ma protestation , ajouta-» t-il , est personnelle, j'en assume sur moi seul la » responsabilité. »

Son rôle à la Cour n'était pas seulement celui d'un magistrat d'audience attentif, d'un président d'as-sises infatigable, il appartenait encore de droit à toutes les commissions désignées par le Garde des sceaux pour élaborer les projets de loi relatifs à l'ordre judiciaire.

Tous ces labeurs, cette coopération multiple à l'œuvre de la justice civile et criminelle, semblaient de nature à appeler sur M. Caze l'attention du pou-voir et à l'élever promptement à une présidence. Dès 1843, M. Romiguières, alors pair de France , insistait, dans des lettres qui sont passées sous nos yeux , pour l'inviter à solliciter cet avancement. M. Caze ne demanda rien. Il attendait en faisant son devoir, et cette attente, blâmée par bien des obses-sions amicales, devait durer jusqu'en 1860. Pour expliquer cet oubli, disons le mot, cette injustice, il faut reporter un instant nos regards en arrière.

M. Caze, dont nous avons essayé de caractériser les opinions exactes, sans les amoindrir ni les sur-faire, était, sous le gouvernement de juillet, un con-servateur. Sa politique, mêlée de progrès régulier et de résistance légale , fut celle de Casimir Périer. Au mois de juin 1834 , les électeurs des cantons Centre et Nord de Toulouse estimèrent que le jeune

magistrat, éprouvé par les luttes du journalisme,
était propre à représenter leurs principes à la Chambre. M. le baron de Malaret, avec la conviction obstinée qu'il portait dans ses entreprises, se fit le
patron de cette candidature. Il lui écrivait à la date
du 20 juin 1834 : « Vous réunissez à mes yeux tou-
» tes les qualités qu'on doit trouver dans un bon et
» loyal député. » La lutte s'engagea entre nôtre confrère et le général Pelet, un vétéran de l'Empire,
imbu de ce libéralisme napoléonien que la légende
avait propagé et qui trouvait encore des dévots en
1834. Dans cette première épreuve, le libéral de
l'école de Royer-Collard succomba devant le libéral
de l'école impériale.

Quoique battu sur le nom de son jeune ami, M. de
Malaret ne se découragea pas et, en 1837, le général Pelet ayant obtenu son entrée à la Chambre des
Pairs, il proposa M. Caze aux électeurs des mêmes
cantons. Cette fois, le scrutin se prononça en faveur
de ce dernier, malgré les dangers d'une compétition
redoutable qui s'appuyait sur une opinion active
et compacte. Les circulaires de M. Caze, écrites
sans déclarations fastueuses, promettaient exactement ce que pouvait tenir son tempérament politique. Il s'y déclarait conservateur et croyait la liberté suffisamment assurée par l'alliance de la Charte
et de la monarchie. Il ajoutait que, pendant la durée
de son mandat, il refuserait tout avancement dans
les fonctions judiciaires.

Ces promesses modestes, il eut du moins le courage de les tenir. Nul n'eut le plaisir — cruel et facile
en d'autres temps — de mettre en contradiction le
candidat et le député. Bien mieux, la fidélité à son
programme lui coûta son mandat, sacrifice qu'il

.sut accomplir avec autant de dignité que d'abnégation.

Notre confrère avait cru servir son pays et défendre ses principes en appuyant le ministère Molé. Les ingénieuses et savantes manœuvres qui amenèrent la coalition, lui parurent engager le parlement dans des voies hasardeuses et, je l'ai dit, M. Caze, plus homme de sens que d'imagination, se refusait aux aventures. Quand à la suite de la dissolution de la Chambre il eut à reparaître devant ses électeurs, il n'aurait dépendu que de lui d'obtenir le renouvellement de son mandat en s'engageant à entrer dans les rangs de la coalition. Il ne voulut point obtenir ce succès au prix d'une capitulation de conscience et il rentra sans bruit, mais non sans une joie intime, dans la vie privée.

Cette courte apparition dans l'arène politique nous présente M. Caze tel que nous l'avons vu : modeste, simple, ennemi des procédés extrèmes et des solutions bruyantes, homme de paix et de milieu, mais ferme à ses heures et capable d'une décision quand sa conscience la lui demandait.

Douze années plus tard, cette nature douce, fine et sensible, devait donner toute sa mesure par un acte peu connu, mais qui est trop honorable pour que notre voix ne le proclame pas ici. Ce n'est pas un acte d'agression, car nul ne fut moins agressif que notre excellent confrère ; mais c'est un acte d'abstention auquel des circonstances exceptionnelles prêtent toute sa valeur. M. Caze avait vu sombrer avec tristesse le gouvernement qu'il avait préparé comme journaliste et qu'il avait servi comme magistrat. Sa foi politique, tout en restant entière, avait pris dès ce jour une teinte chagrine et découragée qui ne l'abandonna plus. De la démocratie, son cœur redoutait les orages plus que les bienfaits ; aussi ne put-on remarquer chez lui, en février 1848, aucun de ces enthousiasmes qui se réclament de la veille, alors qu'ils n'ont pour mobile que l'intérêt du lendemain. Il n'opéra pas sur le chemin de Damas une de ces conversions subites dont le ressort est trop visible pour nous faire crier au miracle. Ni parti-pris d'approbation, ni parti-pris d'hostilité, soumission à un état qui avait du moins le mérite de proclamer un principe d'égalité et de justice en donnant au pays le suffrage universel, telle fut son attitude. La république passa à son tour sans provoquer chez notre confrère aucune agitation morale qui accusât l'amertume et le regret. Il ne s'était point posé comme le champion de cette forme de gouvernement ; il subit la solution que le concours illégal de la force vint rendre décisive au 2 décembre 1851. Mais approuva-t-il, lui magistrat, lui serviteur de la loi, cette violation éclatante de la loi ? C'est ce dont il est permis de douter d'après un incident qui ne tarda pas à se produire.

En septembre 1852, celui qui, suivant une expression célèbre, « était sorti de la légalité pour rentrer dans le Droit, » parcourait la France pour recevoir des acclamations populaires l'absolution dont sa conscience sentait sans doute le besoin, puisque sa politique en invoquait le bénéfice. Les acclamations, en effet, firent cortége à l'heureux vainqueur, — on sait qu'elles ne manquent à aucun pouvoir naissant. — Les corps constitués donnaient le ton à l'enthousiasme dans des adresses dont quelques-unes, publiées sous nos yeux, sont demeurées des modèles du genre.

Le corps municipal de Toulouse , déjà mutilé par des retraites forcées ou volontaires , ne restera pas en arrière de ce mouvement , et voici quelques-uns des termes dans lesquels il pressait le nouveau César d'accomplir ses destinées :

Le corps municipal de la ville de Toulouse à son altesse impériale le Prince Président.

« Monseigneur ,

« Le gouvernement du monde par la Providence
» est le plus parfait. La France et l'Europe vous ap-
» pelent l'élu de Dieu pour l'accomplissement de ses
» desseins. Il n'appartient pas à une Constitution
» quelconque d'assigner un terme à la mission divine
» dont vous êtes investi. Inspirez-vous de cette pen-
» sée pour rendre au pays ces institutions protec-
» trices qui garantissent la stabilité du Pouvoir et
» l'avenir des nations. »

Eh bien ! messieurs , constatons-le sans passion mais sans faiblesse , le nom de M. Caze , conseiller municipal ne figure pas au bas de ce document, et il n'y figure pas par la volonté formelle de notre confrère. Lui quatrième (1), il refusa son adhésion à une adresse qui préjugeait les volontés populaires, et qui, avant un plébiscite régulier, poussait en ter- mes aussi vides que pompeux au renversement d'une Constitution encore debout. Sa protestation ne fut que le silence ; mais il est des temps troublés où, suivant l'expression de Tacite, le silence devient une vertu.

(1) Les trois autres membres qui ne signèrent pas l'adresse furent MM. Féral , Estellé et Policarpe.

Cet acte , dont la modestie de M. Caze ne songea jamais à se parer , emprunte toute son importance à la modération si connue de son caractère. Cette réserve d'une âme délicate , mal interprétée en haut lieu , ne fut pas étrangère peut-être à l'oubli dont seul il ne se plaignit jamais, et qui ne fut réparé qu'en 1860 par son avénement à la présidence.

Mais laissons cet incident pour rentrer dans le cadre où se complut par excellence cet esprit doux, bienveillant et laborieux , je veux dire le cadre des intérêts locaux.

Notre confrère, né à Toulouse, habitant Toulouse toute sa vie, apporta à sa cité natale un dévouement filial. Il n'est pas une institution , pas une académie, pas une société de notre ville, qui n'ait gardé les traces de son active et lumineuse collaboration. Il était de toutes les réunions où se discutait un intérêt toulousain et partout il comptait comme un membre utile et actif. Les fonctions et les titres lui semblaient non le vain décor d'une position sociale, mais une effective responsabilité et l'occasion de nouveaux devoirs.

Dès 1840, il entrait au Conseil général de la Haute-Garonne pour le canton de Fronton. Ses services lui avaient si bien attaché ses électeurs, sa résidence au milieu d'eux pendant les mois de vacances l'avait si bien créé leur mandataire naturel, que pendant près de trente ans il resta sans trouble membre du Conseil et qu'après sa mort ces mêmes électeurs, par une manifestation aussi touchante que spontanée, se sont confiés à la vertu du nom et ont appelé le fils à remplacer le père dans l'assemblée départementale.

Il entra plus tard au Conseil municipal et s'y signala par une collaboration sur laquelle on avait pris l'habitude de compter, la sachant complaisante, mais dont on abusait quelquefois. Les divers rapports qu'il a lus dans cette assemblée formeraient à eux seuls plusieurs volumes. Parmi ceux de ces opuscules qui ont été imprimés, nous devons distinguer ce complet et lucide travail sur le monastère des Jacobins. Si ce monument précieux de l'art au XIIIe siècle a été purgé des hôtes qui l'encombraient, et si nous pouvons concevoir l'espérance de le voir rendre bientôt à une destination plus digne, n'oublions pas que c'est à M. Caze que nous le devons. Son rapport de 1855 provoqua un mouvement d'opinion qui ne s'est ralenti qu'après la victoire, c'est-à-dire après l'évacuation de l'édifice. Cette œuvre de réhabilitation artistique et morale, devait intéresser surtout les représentants modernes de l'ancienne corporation dominicaine. Le plus illustre d'entre eux écrivait de Sorèze à M. Caze, le 22 avril 1855 :

« Vous avez contribué par ce beau travail à un
» acte de réparation digne d'une grande ville comme
» est Toulouse, et je dois d'autant plus vous en re-
» mercier, que ces reliques sauvées du déshonneur
» et de la ruine appartiennent aux origines de mon
» ordre. Sans doute, elles n'y retourneront jamais,
» mais du moins elles seront consacrées à un usage
» honorable et nous pourrons les visiter sans éprou-
» ver tous les regrets à la fois.

» Fr. HENRI-DOMINIQUE-LACORDAIRE,
» des Frères Prêcheurs. »

Les sociétés savantes de Toulouse se disputèrent l'honneur de s'attacher un tel homme.

Des bouches éloquentes diront ailleurs ce que fut

M. Caze à l'Académie des Sciences, à la Société d'Agriculture, à l'Académie de Législation.

Mais j'ai hate d'arriver, Messieurs, à ce qui nous
touche de plus près en pareil sujet, je veux dire à
nos rapports domestiques et confraternels avec
M. Caze. L'Académie des Jeux Floraux qu'on répute
sévère dans ses choix, qui d'ordinaire se laisse de-
vancer par ses sœurs cadettes, eut l'honneur de l'ini-
tiative envers M. Caze. C'est à nous qu'il a appartenu
le premier, en vertu de l'adoption que nos prédéces-
seurs lui conférèrent par leur scrutin de 1848. Il
s'agissait de remplacer M. Cabanis, un homme à qui
s'attachaient tous les regrets qu'inspire une belle
existence tranchée avant le terme. L'Académie ne crut
pouvoir mieux marquer la grandeur de sa perte qu'en
appelant M. Caze à l'honneur de la lui faire oublier.
La bourgeoisie toulousaine à laquelle ils appartenaient l'un et l'autre, continuait ainsi son alliance
séculaire avec le Collége du gay savoir.

M. Caze fut reçu le 28 mai 1849 dans la même
séance que celui de nos confrères à qui notre commune affection a depuis confié les fonctions délicates et si brillamment remplies de secrétaire per-
pétuel. Son remercîment fut tel qu'on devait l'attendre
de sa plume à la fois facile, élégante et diserte.
Dédaignant les vaines parures et les frivoles amplifi-
cations, il parla simplement des rapports du Droit et
des Lettres.

« La science du Droit, dit-il, et la culture des
» Lettres aiment à mettre en commun leurs produc-
» tions et leurs conquêtes. Ce que l'une enseigne,
» l'autre le décore... La même lumière les éclaire et
» les échauffe. La dépravation du goût suit ou précède
» inévitablement la dépravation de la conscience. Les

» temps d'ignorance se confondent avec les époques
» de barbarie. Les Lettres ne peuvent vivre sous les
» étreintes du despotisme ou dans les convulsions de
» l'anarchie. »

Ces quelques phrases peignent cet esprit pon-
déré, équitable, à qui la solennité d'une séance
académique, pas plus que l'entraînement de l'audience, ne fit jamais perdre le sentiment de la
mesure. Justice des idées, justesse des mots, modération et bienveillance dans les jugements, telle
semblait être sa devise. N'est-ce pas là le secret de
son incomparable supériorité comme magistrat et
président d'assises !

En deux autres occasions, M. Caze parla publiquement dans nos séances. Une première fois, le
25 janvier 1852, où chargé de la semonce, il traita
de la tradition et du progrès, et chercha, selon l'inclination de son esprit modérateur, à concilier ces
deux termes réputés inconciliables ; une seconde
fois, le 17 février 1859, où il fit, avec le cœur et les
larmes, l'éloge d'un confrère et d'un collègue doublement aimé, M. Aug. Delquié.

En tous ses discours, comme en toutes ses relations, M. Caze se montrait pénétré de ce sentiment
d'urbanité et de ces habitudes de courtoisie qui sont
à la fois le charme et la nécessité de la vie académique. Dans nos réunions privées, où il n'était pas
l'un des moins assidus, quoiqu'il eût trouvé dans de
lourdes et multiples fonctions une excuse à l'inassi-
duité, il apportait un ton de réserve et d'aménité
qui rehaussait encore la valeur de ses appréciations.
Sa parole, toujours claire et abondante, exprimait
une opinion dont la bienveillance était le fond inva-
riable, car l'expérience de la vie avait rendu cet

homme de bien indulgent aux travers littéraires ainsi qu'aux travers politiques. Mais si la bienveillance dominait dans ses jugements, elle n'excluait pas la précision des vues et la finesse des aperçus. Bien souvent, dans nos bureaux et dans nos assemblées, M. Caze prouva que la critique n'a pas besoin de s'armer d'un ton rogue pour faire accepter ses arrêts, et que le meilleur jugement n'est pas celui qui se revêt du plus grand appareil oratoire.

Cependant, Messieurs, il était écrit que cette existence précieuse à tant de titres, chère à cette famille dont il était l'idole, devait être bientôt tranchée, et que M. Caze trouverait la cause de sa fin dans ce qui avait été si souvent sa consolation, je veux dire dans l'excès du travail. On s'accoutumait si bien à le voir, quoique frêle et délicat, se multiplier sans cesse et accomplir tous les devoirs, qu'on le croyait destiné à porter jusque dans une vieillesse avancée la bonne renommée de ses œuvres et l'utilité de ses exemples. Les plus intimes et les plus pénétrants s'apercevaient seuls d'un dépérissement dû à des causes latentes. Il fallait l'œil des hommes de la science pour reconnaître que le corps s'usait sous la pression abusive de la pensée et que chez ce travailleur infatigable la lame avait usé le fourreau. Des signes alarmants s'étaient déjà manifestés qui eussent imposé le repos à des malades plus ménagers de leurs forces, et cependant il travaillait toujours.

Sur ces entrefaites et pendant que des symptômes trop significatifs découvraient l'étendue du mal, un nouvel honneur — pour lui c'était dire un nouveau devoir — lui fut imposé. Il fut nommé président de l'enquête agricole dans la 19e circonscription. Le

sentiment du bien à faire dans ce rôle honorable ,
joint aussi à cette illusion où se complaisent tous les
malades, le déterminèrent, malgré les instances et les
alarmes de la famille , à accepter. Les départements
confiés à ses investigations appartenaient aux derniers étages de ce plateau central dont le climat sévère en tous les temps, fut particulièrement rigoureux
dans l'hiver de 1867. C'est vers les montagnes du Lot
et de l'Aveyron que se dirigea , au milieu des plus
sinistres augures , celui que nous ne devions plus
revoir tout entier parmi nous. Il en revint deux mois
plus tard. L'enquête agricole avait été fructueuse.
Le scrupuleux président arrivait chargé de docu-
ments dont la mise en œuvre devait être son dernier
travail. Il se réjouissait d'avoir contribué à une œuvre
de réparation envers l'agriculture nationale. Mais
l'homme était appauvri , exténué. Son tempérament
résistant, sous une apparence frêle, avait fourni son
dernier effort. La nature était vaincue , l'enveloppe
brisée.

M. Caze ne se releva pas de cette dernière épreuve.
La science lui procura encore quelques soulagements,
la famille lui prodigua les soins les plus touchants,
l'amitié l'entoura de ses consolations ; mais la mala-
die suivit impitoyablement son cours et mina , jour
par jour , heure par heure , cette constitution ner-
veuse et délicate. Ceux qui ont vu M. Caze dans ses
derniers jours n'oublieront jamais son entretien encore lucide, sa pensée toujours juste, ses aspirations
toujours élevées, cet ensemble de rayons qui sor-
taient de cette belle intelligence, et qui semblaient
protester contre la défaillance des organes. Cette lutte
entre le corps qui succombe et l'esprit qui survit ,
forme un des plus déchirants tableaux de notre na-

ture humaine ; notre confrère dut en traverser toutes les phases. Peu à peu le crépuscule se fit et son âme obtint, après une captivité douloureuse de six mois, sa lumineuse délivrance. Il mourut le 31 mars 1868, léguant à une compagne vénérée et à deux fils, dignes de le porter, un nom où les plus délicats en matière d'honneur n'ont rien trouvé à reprendre.

Le lendemain nous suivions ses obsèques. Tandis que les prières de l'Eglise tombaient sur la fosse entr'ouverte, nous rappelions comme un signe d'espérance à notre cœur attristé un souvenir ancien que nous devons à une pieuse confidence :

Le fils aîné de celui que nous pleurions était sur le point de faire sa première communion. Le père, ému à l'approche de ce grand acte, ouvre sous ses yeux le livre des Evangiles et lit à haute voix le *Sermon sur la Montagne*. Puis, il presse son fils dans ses bras et lui dit : « Voilà, mon enfant, voilà le Dieu qu'il faut recevoir en esprit et en vérité. »

Suprême leçon qui nous montre en quel lieu, après avoir supporté le combat de la vie, ce chrétien plaçait ses dernières espérances !

Et vous (1), Monsieur, qui en prenant place dans cette enceinte, renouez l'antique alliance de la magistrature et de l'académie, soyez le bienvenu ! Vous ne m'en voudrez pas d'ouvrir une séance, qui pour vous est une fête, par quelques paroles de regrets et de deuil. Nous devions bien cet hommage à l'homme éminent que nous avons perdu et que vous êtes destiné à remplacer. L'expression de nos regrets doit

(1) M. Caussé, récipiendaire.

être d'autant moins déguisée avec vous que nous savons que vous les partagez et qu'en louant **M. Caze** nous touchons à des cordes qui vibrent au fond de votre âme. Comme nous, vous l'avez connu, aimé et estimé, et votre vénération pour sa mémoire mettait vos sentiments en harmonie avec les nôtres, avant même de nous appartenir.

Mais d'autres titres vous signalaient encore à nos suffrages, et ces rapports élégants à la Société d'Agriculture, cette collaboration intelligente à l'œuvre artistique de la Société archéologique, ce goût délicat des livres, indice d'un esprit cultivé, sont autant de raisons qui ont assuré le succès de votre candidature. Des relations anciennes et que la solennité de ce jour me rend plus précieuses, me permettraient d'étendre cette énumération ; mais déjà, trop longtemps, j'ai contrarié les vœux d'une assemblée impatiente de vous entendre et de vous applaudir, j'aime mieux ne me prévaloir de mon droit de priorité que pour vous répéter cordialement ce mot qui, j'en suis sûr, résume les impressions de toute l'Académie : Soyez le bienvenu !

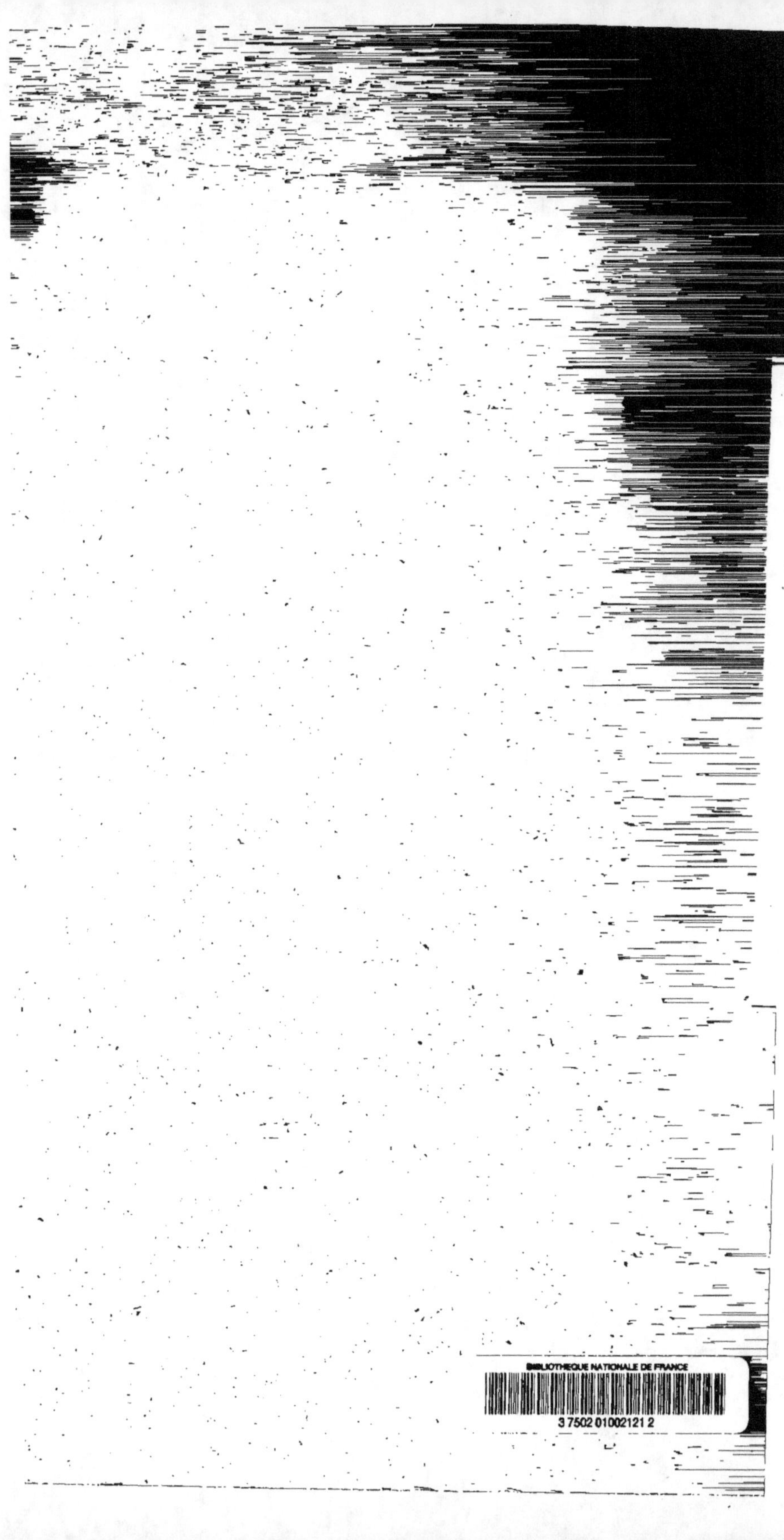